BEI GRIN MACHT SICH IHR WISSEN BEZAHLT

- Wir veröffentlichen Ihre Hausarbeit,
  Bachelor- und Masterarbeit

- Ihr eigenes eBook und Buch -
  weltweit in allen wichtigen Shops

- Verdienen Sie an jedem Verkauf

Jetzt bei www.GRIN.com hochladen
und kostenlos publizieren

Bibliografische Information der Deutschen Nationalbibliothek:

Die Deutsche Bibliothek verzeichnet diese Publikation in der Deutschen National-
bibliografie; detaillierte bibliografische Daten sind im Internet über http://dnb.d-
nb.de/ abrufbar.

Impressum:

Copyright © 2011 GRIN Verlag, Open Publishing GmbH
Druck und Bindung: Books on Demand GmbH, Norderstedt Germany
ISBN: 9783668558120

Dieses Buch bei GRIN:

http://www.grin.com/de/e-book/281820/massnahmen-bei-fruehkindlichem-autismus-
applied-behaviour-analysis-und

Marina Leiper

Maßnahmen bei frühkindlichem Autismus. Applied Behaviour Analysis und TEACCH-Ansatz im Vergleich

GRIN Verlag

GRIN - Your knowledge has value

Der GRIN Verlag publiziert seit 1998 wissenschaftliche Arbeiten von Studenten, Hochschullehrern und anderen Akademikern als eBook und gedrucktes Buch. Die Verlagswebsite www.grin.com ist die ideale Plattform zur Veröffentlichung von Hausarbeiten, Abschlussarbeiten, wissenschaftlichen Aufsätzen, Dissertationen und Fachbüchern.

Besuchen Sie uns im Internet:

http://www.grin.com/

http://www.facebook.com/grincom

http://www.twitter.com/grin_com

Gymnasium Antonianum

Fach: Leistungskurs Pädagogik

Jahrgangsstufe 12

Schuljahr 2010/2011

Applied Behaviour Analysis und der TEACCH-Ansatz

als mögliche verhaltenstherapeutische Maßnahmen bei frühkindlichem Autismus

Facharbeit im Fach Pädagogik

vorgelegt von:

Marina Leiper

Inhalt

1. Einleitung

In dieser Facharbeit werde ich auf den frühkindlichen Autismus eingehen und zwei Therapiemaßnahmen vorstellen. Frühkindlicher Autismus ist die Form von Autismus, die bereits vor dem dritten Lebensjahr beginnt und die stärksten Symptome aufweist. In den letzten Jahren wurde viel geforscht, um die genauen Ursachen der Erkrankung zu ermitteln und eine Therapiemethode zu finden, die Autismus heilen kann. Dieses ist jedoch bis heute noch nicht gelungen.

Aus diesem Grund werde ich zunächst einen Überblick über den frühkindlichen Autismus geben und den derzeitigen Forschungsstand aufzeigen. Anschließend werde ich auf die Therapiemöglichkeiten eingehen. In der Arbeit habe ich mich auf verhaltenstherapeutische Maßnahmen konzentriert, die bereits sehr früh eingesetzt werden und Autismus als Ganzes behandeln. So sind die Chancen auf eine Minderung der Symptome am größten. Im weiteren Verlauf sollen die ABA, ein klassischer Ansatz der Verhaltenstherapie, sowie der TEACCH-Ansatz, welcher auf verhaltenstherapeutischer Basis beruht, allerdings auch verstärkt mit pädagogischen Ansätzen arbeitet, genauer beschrieben und auch kritisch beurteilt werden.

Ziel ist es zu untersuchen, welche Möglichkeiten diese beiden Therapieansätze bieten und in wie weit sie das Leben von Menschen mit frühkindlichem Autismus positiv beeinflussen können.

Bei der Informationsbeschaffung habe ich mich auf Fachbücher sowie Auszüge aus Fachzeitschriften konzentriert. Außerdem hatte ich vor, zu jeder Maßnahme einen Therapeuten zu befragen, dieses gelang mir jedoch nur bei der ABA-Therapie. Für den TEACCH-Ansatz ließ sich niemand finden, der bereit war, einige Fragen zu beantworten. Die Ergebnisse aus dem Interview mit einer ABA-Therapeutin aus Köln wurden in das Kapitel über diese Therapiemethode integriert.

2. Frühkindlicher Autismus

2.1. Erste Informationen über die psychische Störung

Frühkindlicher Autismus ist eine Kontakt- und Kommunikationsstörung, die bereits in den ersten drei Lebensjahren in Erscheinung tritt. Autisten „fällt es […] schwer, die Welt und die in ihr lebenden Individuen einschließlich ihrer selbst zu verstehen".[1]

Frühkindlicher Autismus gehört zu den Autistischen Störungen (AS) und zählt aufgrund des frühen Beginns und des großen Umfangs der Symptome zu den Tiefgreifenden Entwicklungsstörungen (TE). Es kommt sehr häufig vor, dass sich die Symptome im Laufe der Zeit wandeln, die AS bleibt jedoch ein Leben lang bestehen.[2]

Zum ersten Mal beschrieb der österreichisch-amerikanische Kinderpsychiater Leo Kanner (1896-1981) elf Fälle des frühkindlichen Autismus (auch Kanner-Syndrom genannt) in seinem Werk „Autistische Störungen des affektiven Kontakts" (1943). Kanner erläutert in diesem viele Merkmale, die auch heute noch wichtige Kriterien für den frühkindlichen Autismus sind.[3]

Laut einer Studie von Chakrabarti und Fombonne (2001) haben von 10.000 Vorschulkindern 62,6 eine TE, wobei alleine 16,8 von diesen Kindern unter frühkindlichem Autismus leiden. Jungen sind dabei 3 bis 4-mal so häufig betroffen wie Mädchen, wohingegen diese stärker von der Störung beeinträchtigt sind. Einige Jahre zuvor ging man noch von einer Prävalenz von 5/10.000 aus. Dieser starke Anstieg lässt sich durch ein stärkeres Bewusstsein für die Entwicklungsstörung und eine zuverlässigere Diagnostik erklären.[4]

2.2. Symptomatik und Diagnostik

Die Symptome bei frühkindlichem Autismus umfassen in der Regel mehrere Bereiche und können bei jedem Betroffenen unterschiedlich ausgeprägt sein. Man wird auch nie zwei Autisten finden, die exakt die gleichen Symptome haben.

Die zwei internationalen Klassifikationssysteme ICD-10 und DSM-IV haben dennoch Kernmerkmale des frühkindlichen Autismus zusammenstellen können. Diese sind Probleme in den sozialen Interaktionen mit anderen Menschen, Einschränkungen in der

---

[1,4] Autistische Störungen (S. 1; 17-19)
[2] Autismus, besonderes Denken - Förderung mit dem TEACCH-Ansatz (S. 20-22)
[3,5] Autismus – Erscheinungsformen, Ursachen, Hilfen (S. 9f; S. 16)

Kommunikationsfähigkeit, Sonderinteressen, ein eingeschränktes Handlungsrepertoire sowie andere Probleme wie Phobien, Selbst- und Fremdverletzungen oder Schlafstörungen.[1]

Autistische Kinder wenden sich der sachlichen Umwelt oftmals viel intensiver zu, als sie es bei Menschen können und „es fehlen nahezu alle Zeichen der normalen kindlichen Kontaktaufnahme zu den Eltern". Später zeigt sich auch, dass Autisten selten Freundschaften aufbauen, da ihnen Gefühlsäußerungen schwer fallen und sie kaum Einfühlungsvermögen zeigen können. Ungefähr die Hälfte aller frühkindlichen Autisten leidet an einer verzögerten und problemhaften Sprachentwicklung. Auch die Angst vor Veränderungen und das damit zusammenhängende Festhalten an Gewohnheiten ist groß.[2]

Zudem ist Autismus auch durch kognitive Besonderheiten gekennzeichnet, wie die Schwierigkeit Zusammenhänge zu erkennen. Weiterhin leiden Autisten recht häufig unter epileptischen Anfällen und 25 bis 50% von ihnen haben eine verminderte Intelligenz.[3]

Es gibt natürlich noch weitere Symptome, die bei Autismus auftreten können, jedoch sind die hier genannten am häufigsten vertreten und hindern am meisten daran, in einer für uns normalen Welt zurechtzukommen.

Die genaue Beschreibung dieser Auffälligkeiten ist sehr wichtig, da Autismus bisher nur über das Verhalten der Autisten diagnostiziert werden kann. Dabei müssen die Kriterien der zuvor genannten Klassifikationssysteme ICD-10 und DSM-IV erfüllt werden.[4]

Um früh mit geeigneten Therapien anfangen zu können ist eine Diagnose vor dem 3. Lebensjahr wichtig, diese ist jedoch nicht immer einfach, da einige Symptome, die in den ersten Lebensjahren gezeigt werden, nicht immer spezifisch für Autismus sind, sondern auch zu anderen Krankheitsbildern passen. Häufig wird Autismus erst zwischen dem 4. Und 5. Lebensjahr diagnostiziert.[4]

Die ersten Anzeichen für Autismus können während der Routineuntersuchungen beim Kinderarzt erkannt werden. Zeigt das Kind Auffälligkeiten, folgen zunächst weitere medizinische Untersuchungen, um beispielsweise ein Hörproblem auszuschließen. Dann beginnt das Screening, bei dem Eltern zu ihren Kindern befragt werden und das Verhalten der Kinder genau analysiert wird. Bestätigt sich hier der Verdacht auf Autismus, beginnt die genaue Diagnose, indem weitere medizinische und neurologische Untersuchungen sowie Überprüfungen des Entwicklungsstandes durchgeführt werden. Erst danach kann

---

[1,5] Autismus – Erscheinungsformen, Ursachen, Hilfen (S. 16-18; S.23)
[3] Autistische Störungen (S.20f)
[3,6] Autismus, besonderes Denken - Förderung mit dem TEACCH-Ansatz (S. 19f; S.21f; S.23)

früchkindlicher Autismus eindeutig diagnostiziert werden und ein Behandlungsplan entwickelt werden.[5,6]

2.3. Verlauf und Prognose

Bereits während des Säuglings- und Kleinkindalters zeigen sich die ersten Symptome wie Essprobleme oder fehlendes Spielverhalten, die noch sehr unspezifisch sind. Im Vorschul- und frühen Grundschulalter zeigen sich die Symptome in vielfältigster und schwerster Form. Die Kinder sind dann oft aggressiv und wirken manchmal wie taub, da sie nicht auf ihre Umwelt reagieren. Bis zur Pubertät verbessert sich die Symptomatik häufig und Kontakt zu Gleichaltrigen wird möglich.[1]

Eine individuelle Prognose für Autisten im Jugend- und Erwachsenenalter zu treffen, ist schwierig. Allgemein lässt sich lediglich sagen, dass Autisten, die als 5- oder 6-Jährige einen recht hohen IQ haben und deren Sprachentwicklung nicht zu sehr verzögert ist, im späteren Leben weniger beeinträchtigt sein werden. Die Kommunikation und das Sozialverhalten bleiben zwar nach wie vor problematisch, aber ein selbstständiges Leben wird möglich. Eine derart positive Entwicklung durchleben jedoch nur die wenigsten Autisten. Ungefähr 40 bis 50% verbringen ihr Leben in einer Institution, ein weiterer großer Teil wird von Angehörigen betreut. Nur 21% können laut Mawhood annähernd normal kommunizieren und etwa ein Drittel leidet unter epileptischen Anfällen. Die Folgen dieser Probleme sind nicht selten Depressionen und Selbstverletzungen.[2]

2.4. Mögliche Ursachen

Es gibt viele Theorien zu den Ursachen von frühkindlichem Autismus. So nahm man in den sechziger Jahren noch an, dass Eltern mit distanzierten Beziehungen zu ihren Kindern für die psychische Störung verantwortlich gewesen seien. Erst in den siebziger Jahren begann man durch Studien nach wissenschaftlichen Begründungen zu suchen.[3]

Sicher ist, dass Erbfaktoren eine wichtige Rolle spielen. In einigen Familienstudien hat sich gezeigt, dass das Erkrankungsrisiko bei Geschwistern von Autisten bei knapp 3% liegt – also etwa 60- bis 100mal so hoch wie bei Kindern ohne autistische Geschwister. In Zwillingsstudien stellte sich heraus, dass in 43% der Fälle nicht nur ein eineiiger Zwilling unter frühkindlichem Autismus leidet, sondern beide. Diese hohe familiäre Häufung lässt

---

[1]Autistische Störungen (S. 35f, S.36f)
[2,3]Autismus, besonderes Denken - Förderung mit dem TEACCH-Ansatz (S. 18f; S.27f)
[4,5]Autismus – Erscheinungsformen, Ursachen, Hilfen (S. 28-32; S.33f;)

sich heute durch molekularbiologische Untersuchungen erklären, in denen herausgefunden wurde, dass mehrere Gene an der Erkrankung beteiligt sind.[4]

Auch Hirnschädigungen und Hirnfunktionsstörungen sind vermutlich Ursachen für die autistische Störung. Diese Erkenntnis „basiert auf dem Nachweis verschiedener neurologischer Veränderungen und Erkrankungen". Diese sind zum Beispiel Funktionsstörungen in der linken Hirnhälfte oder Reifungsstörungen des Gehirns. Einige Forscher fanden heraus, dass 54% der Autisten abnormale Veränderungen der Hirnrinde aufweisen.[5]

Hobson konnte in einigen Studien feststellen, dass autistische Kinder unter einem angeborenen affektiven Defizit leiden, welcher dazu führt, dass es ihnen schwer fällt Gefühlszustände anderer Menschen zu erkennen. Ihre Verarbeitung von emotionalen oder sozialen Informationen ist dadurch wohl anders ausgeprägt. Des Weiteren können sowohl kognitive Defizite als auch Störungen der sozialen Wahrnehmung ursächlich sein. Auf Grund dessen kann sich die sich sonst ab dem 2. Lebensjahr entwickelnde „Theory of Mind", also das Wissen darüber, dass jeder Mensch ein eigenes Bewusstsein hat, nur eingeschränkt bilden. Sie besitzen somit nicht die Fähigkeit sich in andere Personen hineinzuversetzen.[1]

Keine der genannten Ursachen konnte bisher jedoch als die alleinige Ursache für frühkindlichen Autismus nachgewiesen werden, was folgern lässt, dass immer mehrere Faktoren zusammenhängen und in Wechselwirkung zueinander stehen.

2.5. Überblick über verschiedene Therapieformen

Es gibt unzählige Möglichkeiten Autismus zu behandeln, doch nicht alle Therapieformen wurden bisher empirisch überprüft und mit keiner kann man Autismus heilen, sondern nur eine Besserung erzielen. Es gibt jedoch einige gute Ansätze, aus denen im Idealfall nach einer umfassenden Diagnostik ein ganzheitlicher Therapieplan erstellt werden kann, der immer an die einzelne Krankheitsgeschichte angepasst sein sollte. Grundsätzlich gilt, dass die Erfolgsaussichten steigen, wenn die Therapie schon in der frühen Kindheit begonnen wird, aber auch ältere Patienten können durch geeignete Therapien Erfolge erzielen.[2]

Frühkindlicher Autismus kann in der Regel ambulant behandelt werden, nur am Anfang der Therapie, bei besonders schwerer Symptomatik oder bei minimalen Fortschritten kann eine stationäre Therapie vorteilhafter sein, um die Familie zu entlasten.[3]

[1,2] Autismus – Erscheinungsformen, Ursachen, Hilfen (S. 35-39; S.74f)
[3,4,5] Autistische Störungen (S. 90f; S. 41-43; S. 43)

Alternative Therapieverfahren gelten als ziemlich umstritten, da oft noch keine empirischen Studien durchgeführt wurden. In den letzten Jahren wurden aber gerade diese Therapien immer beliebter. Bei der Festhaltetherapie beispielsweise wird das autistische Kind so lange festgehalten, bis es sich nicht mehr wehrt und somit einen Kontakt akzeptiert. Da die Kinder bei dieser Methode zunächst jedoch häufig Ängste und Aggressionen entwickeln, gilt diese als brutale Maßnahme. Auch Reit- und Delfintherapien, die in einzelnen Fällen die Lebensqualität der Autisten steigern können, werden aufgrund von fehlenden wissenschaftlichen Studien viel diskutiert.[1]

Medikamente sollten nur neben anderen Therapieverfahren zur Behandlung von einzelnen Symptomen wie Zwängen oder Selbst- und Fremdaggression verabreicht werden, da „bis heute [...] noch kein Pharmakon entwickelt worden [ist], dass sich als effektiv in der Behandlung der Kernsymptome des Autismus erwiesen hat."[5]

Ergänzende Maßnahmen können die Lebensqualität steigern und zu mehr Selbstständigkeit führen. So kann Logopädie zur Verbesserung der Sprachfähigkeit und nonverbalen Kommunikation beitragen, Ergotherapie die Feinmotorik fördern und Physiotherapie die Grobmotorik und Koordination positiv beeinflussen.[2]

Verhaltenstherapeutische Interventionen gelten als sehr erfolgversprechend und sind empirisch am meisten überprüft. Näher werden sie im nächsten Kapitel beschrieben.

3. Applied Behavior Analysis (ABA) nach Lovaas

3.1. Verhaltenstherapien im Allgemeinen

Verhaltenstherapeutische Maßnahmen basieren überwiegend auf lerntheoretischen Prinzipien. In der Regel wird versucht durch operante Konditionierung, also dem Verstärken von erwünschtem Verhalten und dem Folgen von negativen Konsequenzen bei unerwünschtem Verhalten, die zuvor festgelegten Lernziele zu erreichen. Dazu ist es notwendig, dass das autistische Verhalten zunächst genau analysiert wird, um einen individuellen Therapieplan zu erstellen.[3]

Ziel einer Verhaltenstherapie sollte es immer sein, „die soziale Interaktionsfähigkeit, Kommunikationsfähigkeit und Selbstständigkeit zu verbessern sowie Rituale, Zwänge,

---

[1,2,3,4] Autistische Störungen (S. 41; S. 101f; S.37; 102/107; S. 102/107)

Auto- und Fremdaggression, Unruhe [...], grob- und feinmotorische Defizite [und] Isolation zu reduzieren."[3]

Es gibt verhaltenstherapeutische Ansätze, die nur versuchen einzelne Symptome zu behandeln und solche die versuchen die Gesamtsymptomatik zu behandeln. Dabei handelt es sich um frühe intensive Verhaltenstherapien, die vor allem die Nachhaltigkeit anstreben. Im Idealfall sollte die Therapie bereits in den ersten Lebensjahren beginnen und über mehrere Jahre einige Stunden täglich durchgeführt werden.[3]

Diese Art von Therapie wäre allerdings nicht bezahlbar, wenn immer ein Therapeut die Behandlung durchführen würde. Daher, und weil es wichtig ist, dass die Therapie in einem alltäglichen sozialen Umfeld stattfindet, werden die Eltern verstärkt mit einbezogen. Sie führen die zuvor mit dem Therapeuten besprochenen Behandlungsschritte zu Hause durch und auch Erzieher oder Lehrer sollten in den Therapieplan eingebunden werden, da nur so eine Generalisierung (das Anwenden des Gelernten auf andere Situationen) in vollem Umfang möglich ist.[4]

3.2. Die Grundidee von ABA

Der amerikanische Professor Ivar Lovaas begann in den 60er Jahren ein verhaltenstherapeutisches Programm zu entwickeln, dass über einen Zeitraum von einigen ungefähr 30 bis 40 Stunden pro Woche durchgeführt werden sollte. Auch heute noch zählt die Applied Behavior Analysis, welche sich in etwa mit „Angewandter Verhaltensanalyse" übersetzen lässt, zu den weltweit am meisten angewendeten Therapien.[1]

In der ABA wird „versucht, Kindern bestimmte Fähigkeiten und Fertigkeiten [...] in kleinen Schritten mit operanter Verstärkung, Beobachtungslernen und Imitation beizubringen." Diese Therapieziele beinhalten die der Verhaltenstherapien, es wird sich aber zudem stark auf die schulischen Fähigkeiten sowie die Interaktion mit der Umwelt konzentriert. Zu Beginn der Therapie werden üblicherweise soziale und spielerische Verhaltensweisen verbessert, danach kann mit dem Training der Sprache begonnen werden. Zuvor werden also weniger sprachliche Hilfestellungen gegeben, sondern es findet eine nonverbale Interaktion statt. Zeitlich zu der Sprachverbesserung wird versucht die Autisten mit gleichaltrigen gesunden Kindern in Kontakt zu bringen. Gegen Ende der ABA konzentriert man sich dann auf die Beschäftigung mit Gefühlen sowie den vorschulischen Kenntnissen.[2,3]

[1,3] Autistische Störungen (S. 38f; S. 38f/136)
[2] Invention bei autistischen Störungen : Status quo, evidenzbasierte, fragliche und fragwürdige Techniken (S. 273f)

9

Die ABA-Therapeutin verdeutlicht jedoch, dass die Therapieziele immer individuell in einem Gespräch zwischen Eltern und Therapeuten abgestimmt werden. Es sei wichtig, dass auf den bereits vorhandenen Fähigkeiten des Kindes aufgebaut wird. Die Therapeutin legte weiterhin dar, dass es wichtig ist, „dass alle Umwelten mit ABA arbeiten". Therapeuten, Kotherapeuten (oft Psychologiestudenten), Eltern und Institutionen wie Kindergärten müssen demnach zusammenarbeiten. Bei Kotherapeuten handelt es sich nicht um ausgebildetes Fachpersonal, sie üben nur einen großen Teil der Therapie aus. Die Therapeutin erklärte hierzu, dass die Therapie zu Beginn verstärkt von den Therapeuten durchgeführt wird, und sich dann immer mehr auf die Kotherapeuten und auf die Eltern verlagert, die mit der Zeit immer mehr an Erfahrung sammeln. Die ABA-Therapeutin bestätigte auch die oft nachzulesende Meinung, dass ABA sich hauptsächlich für jüngere Kinder eignet, da bei diesen Kindern „die Problemverhaltensweisen noch nicht so festgesetzt sind." Bei älteren Patienten könne man die ABA-Therapie jedoch auch durchführen, allerdings seien die Erfolge dann nicht so groß.

3.3. Die Umsetzung in der Praxis

Ein wichtiger Bestandteil ist der Austausch zwischen Therapeut, Kotherapeuten und Eltern. Alle Therapiesitzungen müssen sorgfältig protokolliert werden und es findet alle 14 Tage eine Teamsitzung statt, um das weitere Vorgehen und die Erfolge zu besprechen. Um eine bessere Anwendung des Gelernten auf die natürliche Umgebung zu gewähren, findet die Therapie in der Regel zu Hause statt. Dort ist es wichtig „die Umgebung im Sinne von Lernangeboten [umzugestalten]" und zu vereinfachen, da autistische Kinder ansonsten schnell durch zu viele Umweltreize überfordert sind.[1]

„Eine Faustregel sagt, dass die Therapie zu 80% mit Spaß verknüpft sein soll und nur zu 20% mit Anstrengung." In der oft drei- bis vierstündigen Therapiesitzung äußert sich dieses Prinzip durch die kurzen und konzentrierten Übungen und dem gemeinsamen Spielen oder anderen Aktivitäten aus dem Alltag mit dem Therapeuten, die aber auch zum Therapieerfolg beitragen.[2]

Die ABA beruht zwar auf der operanten Konditionierung, allerdings wird Bestrafung vermieden. So wird unerwünschtes Verhalten einfach ignoriert und auf eine Verhaltensbesserung gewartet. Vielmehr „basiert ABA auf dem Prinzip der positiven

---

[1,2,4,5] Diagnose und Therapie von Autismus-Spektrum-Störungen (S. 161f; S. 162f; S. 163; S. 164)
[3] Autistische Störungen (S. 102-104)

Verstärkung", so die ABA-Therapeutin. Es wird also zuvor und auch während der Therapie immer wieder nach Verstärkern gesucht, für die sich das Kind begeistern kann. Diese können materielle Verstärker, ein einfaches Lob oder auch die Aussicht auf gemeinsames Spielen sein. Um das Kind zu einer bestimmten Handlung zu bewegen wird das Beobachtungslernen oder auch das Geben von Hinweisen (Prompting) eingesetzt. Die Therapeutin erklärte weiterhin, dass die Verstärker, aber auch die Hinweise mit der Zeit immer mehr zurückgenommen werden können (Fading).[3]

Die zwei Grundtechniken der Therapie sind das Discrete Trial Teaching (Unterrichten in separaten Lerneinheiten) und das Incidental Teaching (Inzidentelles Lernen) „Bei beiden wird neues Verhalten durch Shaping erreicht", also einer stufenweisen Annäherung an das Lernziel.[4]

Das Dicrete Trial Teaching ist eine sehr strukturierte und wichtige Methode, um neues Verhalten aufzubauen. Es werden genaue Anforderungen an das Kind gestellt, die in kleine Schritte unterteilt werden und immer gleich formuliert werden. Zu Beginn der Lerneinheit gibt der Therapeut eine Aufgabenstellung vor, die das Kind lösen soll. Reagiert es angemessen, wird es verstärkt. Ist die Handlung des Kindes jedoch inkorrekt, wird dieses mit einem „nein" angezeigt und der Therapeut gibt so lange Hilfestellungen, bis das Kind die Aufgabe bewältigt hat. Auf Grund des eindeutigen Feedbacks des Therapeuten verstehen Kinder die noch nicht sprechen können schnell, was von ihnen verlangt wird. Das Kind lernt zwar auf eine Frage zu antworten, dies geschieht jedoch ohne spontane Kommunikation.[5]

Zum Fördern der spontanen Kommunikation und Interaktion wird das Incidental Teaching angewandt. Bei dieser Lernform bereitet der Therapeut eine Situation mit Anreizen für das Kind vor. Reagiert das Kind auf einen Anreiz, so wird ihm eine Anforderung gestellt, die es lösen muss, um an den Gegenstand zu kommen. Zur Verdeutlichung soll hierzu folgendes Beispiel der Therapeutin dienen: Die Therapeutin hat einen Tisch mit verschiedenen Gegenständen darauf für das Kind vorbereitet. Das Kind entdeckt eine Flache Saft und möchte davon trinken. Nun reagiert die Therapeutin darauf, indem sie dem Kind das Wort „Saft" vorspricht und dabei auf die Flasche zeigt. Nachdem das Kind dann das Wort „Saft" nachgesprochen hat wird es von der Therapeutin gelobt und bekommt seinen gewählten Verstärker, also den Saft. Diese Methode bietet den Vorteil, dass ein Kommunikationstraining besser umzusetzen ist und der Anreiz durch den selbstgewählten

Verstärker größer ist, allerdings ist sie auch zeitaufwendiger, da das Kind selbst den Aufbau und die Zeit des Lernens mitbestimmt.[1]

Beide Methoden haben also ihre Vor- und Nachteile und weisen Unterschiede in der Umsetzung auf. Oft wird eine Kombination der beiden Lernformen angewandt, um ein optimales Ergebnis zu erzielen.[2]

3.4. Erfolgschancen und Kritik

Lovaas war der Erste, der den Erfolg seiner Therapie überprüfte. Er überprüfte 19 Vorschulkinder, die er mit ABA behandelte und konnte feststellen, dass sie große Fortschritte gemacht hatten. Im Durchschnitt betrug der IQ der Kinder vor der Therapie 53, mit dreizehn Jahren hatten sie einen durchschnittlichen IQ von 84,5. Ebenfalls positiv zu bewerten war, dass 9 der getesteten Kinder eine normale Schule besuchen konnten. Zudem zeigten sich kognitive und adaptive Verhaltensbesserungen, die auch langfristig anhielten. Seine Ergebnisse wurden jedoch häufig kritisiert, da er Fehler im methodischen Vorgehen gemacht hatte. So gab es zum Beispiel keine unabhängigen Beurteiler, was dazu führte, dass seine Ergebnisse zu relativieren sind.[3]

Nach neueren Studien treten tatsächlich deutliche Verbesserungen in den von Lovaas untersuchten Bereichen auf. Außerdem konnten Fortschritte in der Kommunikation, Sozialisation und den alltagspraktischen Fähigkeiten nachgewiesen werden. Auch die Therapeutin sagte, dass die Erfolge empirisch gesehen am besten seien. Der Erfolg hänge jedoch sehr stark vom Potenzial des Kindes ab und Eltern dürften auf keinen Fall denken, dass mit ABA alles möglich sei.[4]

Die Therapie ist natürlich auch auf ihre Umsetzung hin zu beurteilen. Ein oft kritisierter Punkt ist der hohe Zeit- und Kostenaufwand der Therapie. Die Kosten für eine ABA-Therapie sind sehr hoch. Ohne den Einsatz von Kotherapeuten und den Eltern selbst würden sich die Kosten pro Jahr auf etwa 30.000 USD belaufen. Daher ist dieser Einsatz nötig, um die Kosten zu minimieren, die nach Informationen der ABA-Therapeutin in der Regel das Sozialamt übernimmt.[3]

Der Zeitaufwand für die Eltern maximiert sich jedoch beträchtlich durch die Verringerung der Therapiezeit mit dem Therapeuten. Sie müssen einen großen Teil der Therapie selbst durchführen, was oft eine große Belastung für die Ehe und auch Geschwister darstellt. Daher setzen Eltern oft Kotherapeuten ein, die die Aufgaben der Eltern größtenteils

---

[1,2,4] Diagnose und Therapie von Autismus-Spektrum-Störungen (S. 165f; S. 167; S.169)
[3] Autismus – Erscheinungsformen, Ursachen, Hilfen (S. 83f)
[1,4] Frühinterventionen bei Kindern mit Autismus (S.30; S.27)

übernehmen. Die Psychologiestudenten müssen laut der ABA-Terapeutin jedoch von den Eltern selbst bezahlt werden, oder sie machen nur ein Praktikum und sind daher oft unzuverlässig.[1]

Der hohe Zeitaufwand ermöglicht jedoch auch genügend Zeit zur Förderung, durch die die Chancen auf einen Schulbesuch und die Integration in die Gesellschaft steigen. Auch die starke individuelle Anpassung der Therapie durch die individuellen Therapieziele und Verstärker trägt zu einem besseren Lernerfolg bei.[2]

Auch die Motivation der Kinder ist aufgrund der Verstärkung und vielen spielerischen Therapiezeit sehr hoch. Die Einteilung der Lernziele in viele kleine Schritte trägt zusätzlich dazu bei, dass das Kind Freude bei der Therapie empfindet und sich seinen Erfolgen bewusst wird.[3,4]

Dennoch entsteht bei einigen Kritikern aufgrund der operanten Konditionierung oft der Eindruck einer „Dressur" der Kinder. Auch die genaue Einhaltung der stark strukturierten Lerneinheiten fiele den Eltern schwer, merkte die Therapeutin an. Oft sei es ein Problem, konsequent auf das Problemverhalten zu reagieren und jede erwünschte Handlung zu verstärken. Diese starke Struktur ist für Autisten aber besonders wichtig, da sie feste Abläufe und Rituale brauchen, denn ansonsten würden sie mit den großen Veränderungen, die die Therapie mit sich bringt, nicht umgehen können.[6,7]

Hervorzuheben ist der Expertin zufolge auch, dass die Therapie gut mit anderen Maßnahmen kombiniert werden kann. So ermögliche die Logopädie ein Beheben von Sprachfehlern und auch das Einsetzen von Elementen aus dem TEACCH-Ansatz könne die Effektivität der Therapie steigern.

„Das größte Problem stellt oftmals also der Mangel an Ressourcen dar", erläuterte die ABA-Therapeutin. Wie zuvor schon erwähnt, ist aber gerade der große zeitliche Umfang dieser Maßnahme bedeutsam, um die notwendige Strukturierung und Motivation zu ermöglichen.

---

[1] Lehrbuch der Verhaltenstherapie (S.343)
[3,7] Diagnose und Therapie von Autismus-Spektrum-Störungen (S.161-163; S.175)
[5] Autismus – Erscheinungsformen, Ursachen, Hilfen (S.43)
[6] Autistische Störungen (S.39)

4. Der TEACCH-Ansatz

4.1. Die Grundidee des TEACCH-Ansatzes

TEACCH steht für „Treatment and Education of Autistic and related Communication handicapped CHildren", was sich in etwa mit „Therapie und pädagogische Förderung für autistische und in ähnlicher Weise kommunikationsbehinderte Kinder" übersetzen lässt. Der TEACCH-Ansatz ist eine pädagogisch-verhaltenstherapeutische Fördermethode, die 1972 von der amerikanischen Universität in North Carolina entwickelt worden ist.[1,2]

Es ist wichtig, dass Therapeuten, Eltern und Kindergärten oder Schulen zusammen mit dem TEACCH-Ansatz arbeiten. Dabei übernimmt der Therapeut zunächst einen großen Teil der Förderung und weist nach und nach das soziale Umfeld des Autisten in die Therapie ein, sodass dieses die Therapie später größtenteils alleine übernehmen kann. Zeitlich gesehen sollten pro Woche mindestens 25 Stunden für die Förderung eingeplant werden. Die Methode sollte solange durchgeführt werden, wie sie für das Kind fördernd ist und auch im Erwachsenenalter können immer noch einzelne Elemente des TEACCH-Ansatzes in den Alltag eingebaut werden. [3,4]

Ziel des Ansatzes ist es „die Stärken und Schwächen des Kindes in Einklang zu bringen" sowie die Umwelt so zu strukturieren und visualisieren, dass das Kind die Informationen, die ihm geboten werden, verstehen und in einen Zusammenhang bringen kann. Es soll ein möglichst selbstständiges Leben ermöglicht werden. Die Unterstützung erfolgt also in der Regel in der Kommunikation, den sozialen und alltagspraktischen Fähigkeiten und dem Freizeitverhalten. Genauere Therapieziele orientieren sich dabei immer an den Fähigkeiten des Kindes, den Wünschen der Eltern und den Anforderungen der individuellen Umwelt.[5,6]

Ein wesentlicher Bestandteil ist die Berücksichtigung der Grundsätze, die auch TEACCH-Philosophie genannt werden. Es ist wichtig, ein umfangreiches Wissen über die psychische Störung zu haben und sich in den Blickwinkel eines Autisten hineinzuversetzen. Auch die zuvor angesprochene Einbeziehung des natürlichen Umfeldes ist ein Bestandteil dieser Philosophie. Die verständliche Strukturierung der Umwelt ist notwendig, um Verhaltensänderungen zu ermöglichen. Dabei wird immer auf den bereits vorhandenen

---

[1] Verhaltens- und fertigkeitsbasierende Frühinterventionen bei Kindern mit Autismus (S.28)
[2] Diagnostik und Therapie von Autismus-Spektrum-Störungen im Kindesalter (S.147)
[3,6] Interventionen bei Autismus (S.274)
[4] Autistische Störungen (S. 137)
[5] Das TEACCH-Konzept (S. 148-151)

Fähigkeiten aufgebaut, da „hier die besten Chancen für eine Weiterentwicklung bestehen". Die derzeitigen Kompetenzen des Kindes sind regelmäßig zu überprüfen, um den weiteren Verlauf planen zu können. Auch die Individualisierung und Berücksichtigung der einzelnen Interessen ist unerlässlich für den Erfolg der Förderung.[1]

4.2. Die Umsetzung in der Praxis

Der erste Schritt des TEACCH-Ansatzes ist immer eine umfangreiche Förderdiagnostik. Sie dient dazu, realistische Therapieziele festzulegen, die in einem gewissen Zeitraum erreicht werden können. Dazu wird das Kind in verschiedenen Umwelten beobachtet, was es möglich macht, den Fortschritt der Generalisierung zu überprüfen. Die gewonnenen Informationen werden durch Gespräche mit Bezugspersonen ergänzt. Nun kann festgestellt werden, welche Fähigkeiten bereits vorhanden sind, was teilweise gekonnt wird und wo sehr starke Defizite vorliegen. Außerdem wird untersucht, wie das Kind die ihm gestellten Aufgaben durchführt, um zu schauen, wie sein Lernstil ist. Jetzt wird in einem individuellen Therapieplan vorwiegend daran gearbeitet, die teilweise entwickelten Fähigkeiten auszubauen.[2]

Die angewandte Lernmetode im TEACCH-Ansatz ist das „Strukturierte Unterrichten". Die individuellen Fertigkeiten werden erweitert und gleichzeitig die Umwelt an die Bedürfnisse des Kindes angepasst. Dazu wird auf die Visualisierung und die Strukturierung zurückgegriffen.[3]

Die Visualisierung spielt in der Förderung von Autisten eine wichtige Rolle, da sie visuelle Informationen besser verstehen und verarbeiten können als auditive. Durch Visualisierung können Aufgabenstellungen und Hilfen für Autisten „eindeutiger und anschaulicher ausgedrückt werden".[4]

Die genaue Strukturierung des Alltags und der Umgebung kommt dem besonderen Denken von Autisten sehr nahe, da sie Routine und Klarheit brauchen, um sich in ihrer Umwelt zurechtzufinden. Solche Strukturierungshilfen lassen sich in alle Bereiche einbauen.

Ein wichtiger Punkt ist die Strukturierung des Raumes. Autisten müssen die Funktion der einzelnen Bereiche erkennen können, damit sie wissen, was sie erwartet. Einzelne Bereiche müssen demnach klar voneinander zu unterscheiden sein und eine Überflutung von Umweltreizen muss vermieden werden.[5]

---

[1] Das TEACCH-Konzept (S.149f)
[2,3,4] Autismus, besonderes Denken - Förderung mit dem TEACCH-Ansatz (S.144f; S.112; S.113f)
[5,6] Strukturierung als Hilfe zum Verstehen und Handeln (S.4f; S.5f)

Ebenso wichtig ist die Strukturierung der Zeit. Autisten haben oft ein sehr schlechtes Zeitgefühl und fühlen sich daher unsicher, da sie nicht wissen, was als nächstes passieren wird. Aus diesem Grund ist es wichtig, den Tagesablauf klar zu strukturieren und dem Kind durch einen visualisierten Tagesplan einen Überblick zu geben. Bei dieser Umsetzung ist der Aufbau des Planes immer gleich, die einzelnen Aktivitäten variieren jedoch täglich.[6]

Zudem ist es wichtig die Handlungsabläufe und Aufgabenstellungen klar zu strukturieren. Es muss immer erkennbar sein, was gemacht werden soll, wie es durchzuführen ist, wann die Aufgabe beendet ist und was danach folgt. Zudem müssen die Aufgaben und Materialien den Interessen des Kindes entsprechen und weitestgehend selbstständig durchgeführt werden können. [1]

Das „Strukturierte Unterrichten" ist aber nicht der einzige Aspekt in dieser Behandlungsmaßnahme. Neben der Förderung der Selbstständigkeit sollen auch die sozialen und kommunikativen Fähigkeiten ausgebaut werden.

Hierzu gibt es jedoch kein festes Konzept, da auch im Interaktionstraining genügend Freiraum für Individualität gelassen werden muss. Häufig wird jedoch mit Bildkarten gearbeitet, um den Autisten an die Interaktion heranzuführen. Wenn der Autist eine bestimmte Sache haben möchte, so muss er eine Bezugsperson aufsuchen und ihr die entsprechende Bildkarte geben. So wird ihm bewusst, dass er auf andere Menschen zugehen muss, um sich mitzuteilen. Nach und nach kann dann ein Aufbau der Sprache erfolgen und die Bildkarten treten mehr und mehr in den Hintergrund. Dieses ist jedoch nur eine Möglichkeit die Kommunikationsfähigkeit zu fördern.[2]

4.3. Erfolgschancen und Kritik

In mehreren Studien konnte der positive Effekt des „Strukturierten Unterrichtens" nachgewiesen werden. Bereits Schopler stellte in den 70ern fest, dass Autisten in einer strukturierten Umgebung mehr Kontakt zu Bezugspersonen zulassen. In einer anderen Studie konnte zudem ein aufgabenbezogeneres Verhalten nachgewiesen werden. Auch die Strukturierung der Zeit bewirkt nachgewiesene Verbesserungen, die sich insbesondere durch ein höheres Aufgabenengagement äußern. Insgesamt werden die Kinder durch die Strukturierung der Aufgabenstellungen wesentlich selbstständiger. Auch die Einbeziehung

---

[1] Strukturierung als Hilfe zum Verstehen und Handeln (S.6-8)
[2,3] Autismus, besonderes Denken - Förderung mit dem TEACCH-Ansatz (S. 122-124; S.133-135)

der Eltern wirkte sich positiv auf die Kinder aus und die Eltern waren sichtlich entspannter im Umgang mit ihren Kindern. Die Ergebnisse der verschiedenen Studien lassen sich jedoch nicht automatisch auf alle mit TEACCH behandelten Kinder übertragen, da die Untersuchungen oft nur an sehr wenigen Testpersonen durchgeführt wurden.[3]

Positiv anzumerken ist weiterhin, dass sich der TEACCH-Ansatz stark an den individuellen Fertigkeiten und kognitiven Besonderheiten des Kindes orientiert. Es wird versucht das Kind so zu respektieren, wie es ist und nicht nur die Schwächen zu sehen. Vielmehr wird mit den Stärken des Kindes gearbeitet und auf bereits vorhandenen Kenntnissen aufgebaut. Auch die starke Visualisierung und Strukturierung bewirken, dass sich die Autisten nicht von der Umgebung überfordert fühlen, sondern lernen, die wesentlichen Dinge im Zusammenhang zu sehen und sich auf ihre Bezugspersonen einzulassen.

Genau dieser Aspekt kann aber auch kritisch betrachtet werden, da nicht immer gezielt gegen Problemverhalten vorgegangen wird. Auch der Aufwand - insbesondere die Kosten betreffend - ist vergleichsweise hoch. Die Kosten für Therapeuten werden zwar von den Sozialämtern übernommen, aber einige Materialkosten sowie die Fahrtkosten müssen von den Eltern selbst getragen werden.[1]

Hervorzuheben ist zudem, dass sich die Therapie sehr gut mit anderen Maßnahmen kombinieren lässt. Besonders die Aspekte des Strukturierens und Visualisierens lassen sich gut in andere Therapien einbringen. So wird in der ABA-Therapie in Fällen von Autisten, die noch nicht sprechen können, auf das Einsetzen von visuellen Hinweisen zurückgegriffen.

---

[1] www.team-autismus.de

5. Fazit

Zusammenfassend lässt sich sagen, dass Autisten große Schwierigkeiten haben, die Welt um sie herum zu verstehen. Oftmals können sie nicht mit anderen Menschen kommunizieren und können ihrer Umwelt nicht mitteilen, was sie gerade fühlen. Da sie unterschiedliche Informationen nicht miteinander in Beziehung bringen können, sind sie häufig von zu vielen Umweltreizen überfordert. Auf Grund dessen ist es für sie besonders wichtig feste Abläufe zu haben, an denen sie sich orientieren können.

Die genaue Ursache für diese Probleme konnte bisher jedoch noch nicht gefunden werden, obwohl man davon ausgeht, dass die Genetik eine entscheidende Rolle spielt. Deshalb kann keine Therapie bisher die Ursachen bekämpfen, sondern nur die Symptome, was dazu führt, dass Autisten nie vollständig geheilt werden können.

Sowohl die ABA-Therapie als auch der TEACCH-Ansatz sind jedoch gute Maßnahmen, um die Gesamtsymptomatik zu verbessern und ein späteres selbstständiges Leben zu ermöglichen.

Beide Therapien setzen dabei auf die Einbeziehung der Eltern, was sehr wichtig ist, da Autisten ihre Bezugspersonen brauchen. Auch die Einbeziehung mehrerer sozialer Umfelder und die damit verbundene Möglichkeit der Generalisierung ist gegeben.

Die ABA-Therapie zielt eher auf die Bekämpfung des Problemverhaltens an und möchte eine bestmögliche Interaktion mit der Umwelt erreichen. Dazu wird durch klar strukturierte operante Konditionierung und das Beachten der individuellen Interessen des Autisten ein neues Verhalten aufgebaut.

Der TEACCH-Ansatz konzentriert sich eher auf ein möglichst selbstständiges Leben und darauf, dass die Autisten fähig sind die einzelnen Zusammenhänge zu erkennen. Auch diese Methode ist sehr strukturiert und setzt verstärkt auf die individuellen Stärken des Autisten.

Beide Maßnahmen erzielen im Allgemeinen sehr gute Ergebnisse bei der Umsetzung der Ziele, welche zu einem großen Teil dem hohen Zeitaufwand zu verdanken sind. Dieser ermöglicht eine intensive Förderung, die auch langzeitig gesehen erfolgreich ist.

Letztlich kann man jedoch nicht sagen, welche von beiden Maßnahmen am geeignetsten erscheint, da dieses sehr stark von den Erwartungen der Eltern und den Möglichkeiten, die das Kind mitbringt, abhängt. Es muss sowohl den Eltern als auch den Kindern liegen, eine solche Therapie durchzuführen und natürlich müssen auch die individuellen Erfolge berücksichtigt werden.

Häufig werden sowieso mehrere Therapien miteinander verbunden, da so eine ganzheitliche Förderung ermöglicht wird und die für das Kind geeignetsten Elemente aus verschiedenen Methoden kombiniert werden können.

Literaturverzeichnis

Fachliteratur
1) „Autismus: Besonderes Denken – Förderung mit dem TEACCH – Ansatz"

von Martin Degner und Christoph Michael Müller

Kleine Wege Verlag

1. Auflage, August 2008

2) „Autismus – Erscheinungsformen, Ursachen, Hilfen"

von Helmut Remschmidt, C.H. Beck Verlag

4. überarbeitete und aktualisierte Auflage, 2008

Originalausgabe München 2000

3) „Autistische Störungen"

von Fritz Poustka, Sven Bölte, Sabine Feineis-Matthews und Gabriele Schmötzler

Hogrefe Verlag

2. aktualisierte Auflage, 2008

Originalausgabe Göttingen 2004

4) „Das TEACCH-Konzept – Zur Therapie bei autistischen Störungen"

von Rositta Symalla

Seiten 148-151 aus PiD 2-2008 , 9. Jahrgang

5) „Diagnose und Therapie von Autismus-Spektrum-Störungen"

von Hans-Christoph Steinhausen und Ronnie Grundelfinger (Herausgeber)

Kohlhammer Verlag

1. Auflage, Januar 2010

6) „Diagnostik und Therapie von Autismus-Spektrum-Störungen im Kindesalter"

von Inge Kamp-Becker, Eftichia Duketis, Judith Sinzig, Luise Poustka und Katja Becker

Seiten 144-157 aus der Zeitschrift Kindheit und Entwicklung, 19 (3)

Hogrefe Verlag, Göttingen 2010

7) „Invention bei autistischen Störungen : Status quo, evidenzbasierte, fragliche und fragwürdige Techniken"

von S. Bölte und F. Poustka

Seiten 271-280 aus der Zeitschrift für Kinder- und Jugendpsychiatrie und Psychotherapie, 30 (4) 2002

Hans Huber Verlag, Bern 2002

8) „Lehrbuch der Verhaltenstherapie"

von Jürgen Margraf

Kapitel 21 Autistische Störungen (Seiten 331- 350) von Fritz Poustka

Springer Verlag, 2009

9) „Strukturierung als Hilfe zum Verstehen und Handeln: Die Förderung von Menschen mit Autismus nach dem Vorbild des TEACCH-Ansatzes"

von Anne Häußler

Seiten 52-61 aus dem Tagungsband der 5. Fachtagung des ISAAC und Bundesverband für Körper- und Mehrfachbehinderte

e.V. Dortmund 1999

Loeper Literaturverlag, Karlsruhe 1999

10) „Verhaltens- und fertigkeitenbasierende Frühinterventionen bei Kindern mit Autismus"

von Stefan Weinmann, Christoph Schwarzbach, Matthias Begemann, Stephanie Roll, Christph Vauth, Stafan N. Willich und Wolfgang Greiner

aus der Schriftenreihe Health Technology Assessment (HTA) in der Bundesrepublik Deutschland, Band 89

1. Auflage, Köln 2009

Internetquellen

1) www.team-autismus.de

Von TEAM Autismus GbR

Zuletzt aufgerufen am 27.02.2011